# ADDRESS BOOK

## This Book Belongs To:

_____

_____

_____

# PHONE BOOK

| Name | Phone |
|------|-------|
|      |       |
|      |       |
|      |       |
|      |       |
|      |       |
|      |       |
|      |       |
|      |       |
|      |       |
|      |       |
|      |       |
|      |       |
|      |       |
|      |       |
|      |       |
|      |       |
|      |       |
|      |       |
|      |       |
|      |       |
|      |       |
|      |       |
|      |       |
|      |       |
|      |       |

# PHONE BOOK

| Name | Phone |
|------|-------|
|      |       |
|      |       |
|      |       |
|      |       |
|      |       |
|      |       |
|      |       |
|      |       |
|      |       |
|      |       |
|      |       |
|      |       |
|      |       |
|      |       |
|      |       |
|      |       |
|      |       |
|      |       |
|      |       |
|      |       |
|      |       |
|      |       |
|      |       |
|      |       |
|      |       |
|      |       |

# ADDRESS LOG

NAME : _____
Address : _____
Email : _____
Home : _____
Work : _____
Phone : _____
Social Media : _____
Birthday : _____

◇◇◇◇◇◇◇◇◇◇◇◇◇◇◇◇◇◇◇◇◇◇◇◇

NAME : _____
Address : _____
Email : _____
Home : _____
Work : _____
Phone : _____
Social Media : _____
Birthday : _____

◇◇◇◇◇◇◇◇◇◇◇◇◇◇◇◇◇◇◇◇◇◇◇◇

NAME : _____
Address : _____
Email : _____
Home : _____
Work : _____
Phone : _____
Social Media : _____
Birthday : _____

# ADDRESS LOG

NAME : _____
Address : _____
Email : _____
Home : _____
Work : _____
Phone : _____
Social Media : _____
Birthday : _____

◇◇◇◇◇◇◇◇◇◇◇◇◇◇◇◇◇◇◇◇

NAME : _____
Address : _____
Email : _____
Home : _____
Work : _____
Phone : _____
Social Media : _____
Birthday : _____

◇◇◇◇◇◇◇◇◇◇◇◇◇◇◇◇◇◇◇◇

NAME : _____
Address : _____
Email : _____
Home : _____
Work : _____
Phone : _____
Social Media : _____
Birthday : _____

# ADDRESS LOG

NAME : _____
Address : _____
Email : _____
Home : _____
Work : _____
Phone : _____
Social Media : _____
Birthday : _____

◇◇◇◇◇◇◇◇◇◇◇◇◇◇◇◇◇◇◇◇

NAME : _____
Address : _____
Email : _____
Home : _____
Work : _____
Phone : _____
Social Media : _____
Birthday : _____

◇◇◇◇◇◇◇◇◇◇◇◇◇◇◇◇◇◇◇◇

NAME : _____
Address : _____
Email : _____
Home : _____
Work : _____
Phone : _____
Social Media : _____
Birthday : _____

# ADDRESS LOG

NAME : _____
Address : _____
Email : _____
Home : _____
Work : _____
Phone : _____
Social Media : _____
Birthday : _____

◇◇◇◇◇◇◇◇◇◇◇◇◇◇◇◇◇◇◇◇◇◇◇

NAME : _____
Address : _____
Email : _____
Home : _____
Work : _____
Phone : _____
Social Media : _____
Birthday : _____

◇◇◇◇◇◇◇◇◇◇◇◇◇◇◇◇◇◇◇◇◇◇◇

NAME : _____
Address : _____
Email : _____
Home : _____
Work : _____
Phone : _____
Social Media : _____
Birthday : _____

# B  ADDRESS LOG

NAME : _____
Address : _____
Email : _____
Home : _____
Work : _____
Phone : _____
Social Media : _____
Birthday : _____

◇◇◇◇◇◇◇◇◇◇◇◇◇◇◇◇◇◇◇◇◇◇

NAME : _____
Address : _____
Email : _____
Home : _____
Work : _____
Phone : _____
Social Media : _____
Birthday : _____

◇◇◇◇◇◇◇◇◇◇◇◇◇◇◇◇◇◇◇◇◇◇

NAME : _____
Address : _____
Email : _____
Home : _____
Work : _____
Phone : _____
Social Media : _____
Birthday : _____

# ADDRESS LOG

NAME : _____
Address : _____
Email : _____
Home : _____
Work : _____
Phone : _____
Social Media : _____
Birthday : _____

◇◇◇◇◇◇◇◇◇◇◇◇◇◇◇◇◇◇◇◇◇◇◇◇◇◇

NAME : _____
Address : _____
Email : _____
Home : _____
Work : _____
Phone : _____
Social Media : _____
Birthday : _____

◇◇◇◇◇◇◇◇◇◇◇◇◇◇◇◇◇◇◇◇◇◇◇◇◇◇

NAME : _____
Address : _____
Email : _____
Home : _____
Work : _____
Phone : _____
Social Media : _____
Birthday : _____

# B — ADDRESS LOG

NAME : _____

Address : _____
Email : _____
Home : _____
Work : _____
Phone : _____
Social Media : _____
Birthday : _____

◇◇◇◇◇◇◇◇◇◇◇◇◇◇◇◇◇◇◇◇◇◇◇◇◇◇

NAME : _____

Address : _____
Email : _____
Home : _____
Work : _____
Phone : _____
Social Media : _____
Birthday : _____

◇◇◇◇◇◇◇◇◇◇◇◇◇◇◇◇◇◇◇◇◇◇◇◇◇◇

NAME : _____

Address : _____
Email : _____
Home : _____
Work : _____
Phone : _____
Social Media : _____
Birthday : _____

# ADDRESS LOG

NAME : _____
Address : _____
Email : _____
Home : _____
Work : _____
Phone : _____
Social Media : _____
Birthday : _____

◇◇◇◇◇◇◇◇◇◇◇◇◇◇◇◇◇◇◇◇◇◇◇◇◇◇◇

NAME : _____
Address : _____
Email : _____
Home : _____
Work : _____
Phone : _____
Social Media : _____
Birthday : _____

◇◇◇◇◇◇◇◇◇◇◇◇◇◇◇◇◇◇◇◇◇◇◇◇◇◇◇

NAME : _____
Address : _____
Email : _____
Home : _____
Work : _____
Phone : _____
Social Media : _____
Birthday : _____

# C — ADDRESS LOG

NAME : _____
Address : _____
Email : _____
Home : _____
Work : _____
Phone : _____
Social Media : _____
Birthday : _____

◇◇◇◇◇◇◇◇◇◇◇◇◇◇◇◇◇◇◇◇◇◇◇◇

NAME : _____
Address : _____
Email : _____
Home : _____
Work : _____
Phone : _____
Social Media : _____
Birthday : _____

◇◇◇◇◇◇◇◇◇◇◇◇◇◇◇◇◇◇◇◇◇◇◇◇

NAME : _____
Address : _____
Email : _____
Home : _____
Work : _____
Phone : _____
Social Media : _____
Birthday : _____

# ADDRESS LOG

NAME : _____
Address : _____
Email : _____
Home : _____
Work : _____
Phone : _____
Social Media : _____
Birthday : _____

◇◇◇◇◇◇◇◇◇◇◇◇◇◇◇◇◇◇◇◇◇◇

NAME : _____
Address : _____
Email : _____
Home : _____
Work : _____
Phone : _____
Social Media : _____
Birthday : _____

◇◇◇◇◇◇◇◇◇◇◇◇◇◇◇◇◇◇◇◇◇◇

NAME : _____
Address : _____
Email : _____
Home : _____
Work : _____
Phone : _____
Social Media : _____
Birthday : _____

# C  ADDRESS LOG

NAME : _____
Address : _____
Email : _____
Home : _____
Work : _____
Phone : _____
Social Media : _____
Birthday : _____

◇◇◇◇◇◇◇◇◇◇◇◇◇◇◇◇◇◇◇◇◇

NAME : _____
Address : _____
Email : _____
Home : _____
Work : _____
Phone : _____
Social Media : _____
Birthday : _____

◇◇◇◇◇◇◇◇◇◇◇◇◇◇◇◇◇◇◇◇◇

NAME : _____
Address : _____
Email : _____
Home : _____
Work : _____
Phone : _____
Social Media : _____
Birthday : _____

# ADDRESS LOG

NAME : _____
Address : _____
Email : _____
Home : _____
Work : _____
Phone : _____
Social Media : _____
Birthday : _____

◇◇◇◇◇◇◇◇◇◇◇◇◇◇◇◇◇◇◇◇◇◇◇

NAME : _____
Address : _____
Email : _____
Home : _____
Work : _____
Phone : _____
Social Media : _____
Birthday : _____

◇◇◇◇◇◇◇◇◇◇◇◇◇◇◇◇◇◇◇◇◇◇◇

NAME : _____
Address : _____
Email : _____
Home : _____
Work : _____
Phone : _____
Social Media : _____
Birthday : _____

# D ADDRESS LOG

**NAME :** _____
Address : _____
Email : _____
Home : _____
Work : _____
Phone : _____
Social Media : _____
Birthday : _____

◇◇◇◇◇◇◇◇◇◇◇◇◇◇◇◇◇◇◇◇◇◇◇◇◇

**NAME :** _____
Address : _____
Email : _____
Home : _____
Work : _____
Phone : _____
Social Media : _____
Birthday : _____

◇◇◇◇◇◇◇◇◇◇◇◇◇◇◇◇◇◇◇◇◇◇◇◇◇

**NAME :** _____
Address : _____
Email : _____
Home : _____
Work : _____
Phone : _____
Social Media : _____
Birthday : _____

# ADDRESS LOG

NAME : _____
Address : _____
Email : _____
Home : _____
Work : _____
Phone : _____
Social Media : _____
Birthday : _____

◇◇◇◇◇◇◇◇◇◇◇◇◇◇◇◇◇◇◇◇

NAME : _____
Address : _____
Email : _____
Home : _____
Work : _____
Phone : _____
Social Media : _____
Birthday : _____

◇◇◇◇◇◇◇◇◇◇◇◇◇◇◇◇◇◇◇◇

NAME : _____
Address : _____
Email : _____
Home : _____
Work : _____
Phone : _____
Social Media : _____
Birthday : _____

# D ADDRESS LOG

NAME : _____
Address : _____
Email : _____
Home : _____
Work : _____
Phone : _____
Social Media : _____
Birthday : _____

◇◇◇◇◇◇◇◇◇◇◇◇◇◇◇◇◇◇◇◇◇◇◇◇◇

NAME : _____
Address : _____
Email : _____
Home : _____
Work : _____
Phone : _____
Social Media : _____
Birthday : _____

◇◇◇◇◇◇◇◇◇◇◇◇◇◇◇◇◇◇◇◇◇◇◇◇◇

NAME : _____
Address : _____
Email : _____
Home : _____
Work : _____
Phone : _____
Social Media : _____
Birthday : _____

# ADDRESS LOG

NAME : _____
Address : _____
Email : _____
Home : _____
Work : _____
Phone : _____
Social Media : _____
Birthday : _____

◇◇◇◇◇◇◇◇◇◇◇◇◇◇◇◇◇◇◇◇

NAME : _____
Address : _____
Email : _____
Home : _____
Work : _____
Phone : _____
Social Media : _____
Birthday : _____

◇◇◇◇◇◇◇◇◇◇◇◇◇◇◇◇◇◇◇◇

NAME : _____
Address : _____
Email : _____
Home : _____
Work : _____
Phone : _____
Social Media : _____
Birthday : _____

# ADDRESS LOG

NAME : _____
Address : _____
Email : _____
Home : _____
Work : _____
Phone : _____
Social Media : _____
Birthday : _____

◇◇◇◇◇◇◇◇◇◇◇◇◇◇◇◇◇◇◇◇

NAME : _____
Address : _____
Email : _____
Home : _____
Work : _____
Phone : _____
Social Media : _____
Birthday : _____

◇◇◇◇◇◇◇◇◇◇◇◇◇◇◇◇◇◇◇◇

NAME : _____
Address : _____
Email : _____
Home : _____
Work : _____
Phone : _____
Social Media : _____
Birthday : _____

# ADDRESS LOG

NAME : _____
Address : _____
Email : _____
Home : _____
Work : _____
Phone : _____
Social Media : _____
Birthday : _____

◇◇◇◇◇◇◇◇◇◇◇◇◇◇◇◇◇◇◇◇◇◇◇◇◇◇

NAME : _____
Address : _____
Email : _____
Home : _____
Work : _____
Phone : _____
Social Media : _____
Birthday : _____

◇◇◇◇◇◇◇◇◇◇◇◇◇◇◇◇◇◇◇◇◇◇◇◇◇◇

NAME : _____
Address : _____
Email : _____
Home : _____
Work : _____
Phone : _____
Social Media : _____
Birthday : _____

# ADDRESS LOG

NAME : _____
Address : _____
Email : _____
Home : _____
Work : _____
Phone : _____
Social Media : _____
Birthday : _____

◇◇◇◇◇◇◇◇◇◇◇◇◇◇◇◇◇◇◇◇◇◇◇◇

NAME : _____
Address : _____
Email : _____
Home : _____
Work : _____
Phone : _____
Social Media : _____
Birthday : _____

◇◇◇◇◇◇◇◇◇◇◇◇◇◇◇◇◇◇◇◇◇◇◇◇

NAME : _____
Address : _____
Email : _____
Home : _____
Work : _____
Phone : _____
Social Media : _____
Birthday : _____

# ADDRESS LOG

NAME : _____
Address : _____
Email : _____
Home : _____
Work : _____
Phone : _____
Social Media : _____
Birthday : _____

◇◇◇◇◇◇◇◇◇◇◇◇◇◇◇◇◇◇◇◇◇◇

NAME : _____
Address : _____
Email : _____
Home : _____
Work : _____
Phone : _____
Social Media : _____
Birthday : _____

◇◇◇◇◇◇◇◇◇◇◇◇◇◇◇◇◇◇◇◇◇◇

NAME : _____
Address : _____
Email : _____
Home : _____
Work : _____
Phone : _____
Social Media : _____
Birthday : _____

# ADDRESS LOG

NAME : _____
Address : _____
Email : _____
Home : _____
Work : _____
Phone : _____
Social Media : _____
Birthday : _____

◇◇◇◇◇◇◇◇◇◇◇◇◇◇◇◇◇◇◇◇◇◇

NAME : _____
Address : _____
Email : _____
Home : _____
Work : _____
Phone : _____
Social Media : _____
Birthday : _____

◇◇◇◇◇◇◇◇◇◇◇◇◇◇◇◇◇◇◇◇◇◇

NAME : _____
Address : _____
Email : _____
Home : _____
Work : _____
Phone : _____
Social Media : _____
Birthday : _____

# ADDRESS LOG

NAME : _____
Address : _____
Email : _____
Home : _____
Work : _____
Phone : _____
Social Media : _____
Birthday : _____

◇◇◇◇◇◇◇◇◇◇◇◇◇◇◇◇◇◇◇◇

NAME : _____
Address : _____
Email : _____
Home : _____
Work : _____
Phone : _____
Social Media : _____
Birthday : _____

◇◇◇◇◇◇◇◇◇◇◇◇◇◇◇◇◇◇◇◇

NAME : _____
Address : _____
Email : _____
Home : _____
Work : _____
Phone : _____
Social Media : _____
Birthday : _____

# F ADDRESS LOG

NAME : _____
Address : _____
Email : _____
Home : _____
Work : _____
Phone : _____
Social Media : _____
Birthday : _____

◇◇◇◇◇◇◇◇◇◇◇◇◇◇◇◇◇◇◇◇◇◇◇◇◇

NAME : _____
Address : _____
Email : _____
Home : _____
Work : _____
Phone : _____
Social Media : _____
Birthday : _____

◇◇◇◇◇◇◇◇◇◇◇◇◇◇◇◇◇◇◇◇◇◇◇◇◇

NAME : _____
Address : _____
Email : _____
Home : _____
Work : _____
Phone : _____
Social Media : _____
Birthday : _____

# ADDRESS LOG

NAME : _____
Address : _____
Email : _____
Home : _____
Work : _____
Phone : _____
Social Media : _____
Birthday : _____

◇◇◇◇◇◇◇◇◇◇◇◇◇◇◇◇◇◇◇◇

NAME : _____
Address : _____
Email : _____
Home : _____
Work : _____
Phone : _____
Social Media : _____
Birthday : _____

◇◇◇◇◇◇◇◇◇◇◇◇◇◇◇◇◇◇◇◇

NAME : _____
Address : _____
Email : _____
Home : _____
Work : _____
Phone : _____
Social Media : _____
Birthday : _____

# G    ADDRESS LOG

NAME : _____
Address : _____
Email : _____
Home : _____
Work : _____
Phone : _____
Social Media : _____
Birthday : _____

◇◇◇◇◇◇◇◇◇◇◇◇◇◇◇◇◇◇◇◇◇◇◇◇◇◇

NAME : _____
Address : _____
Email : _____
Home : _____
Work : _____
Phone : _____
Social Media : _____
Birthday : _____

◇◇◇◇◇◇◇◇◇◇◇◇◇◇◇◇◇◇◇◇◇◇◇◇◇◇

NAME : _____
Address : _____
Email : _____
Home : _____
Work : _____
Phone : _____
Social Media : _____
Birthday : _____

# ADDRESS LOG     **G**

NAME : _____

Address : _____
Email : _____
Home : _____
Work : _____
Phone : _____
Social Media : _____
Birthday : _____

◇◇◇◇◇◇◇◇◇◇◇◇◇◇◇◇◇◇◇◇◇◇

NAME : _____

Address : _____
Email : _____
Home : _____
Work : _____
Phone : _____
Social Media : _____
Birthday : _____

◇◇◇◇◇◇◇◇◇◇◇◇◇◇◇◇◇◇◇◇◇◇

NAME : _____

Address : _____
Email : _____
Home : _____
Work : _____
Phone : _____
Social Media : _____
Birthday : _____

# G ADDRESS LOG

NAME : _____
Address : _____
Email : _____
Home : _____
Work : _____
Phone : _____
Social Media : _____
Birthday : _____

◇◇◇◇◇◇◇◇◇◇◇◇◇◇◇◇◇◇◇◇

NAME : _____
Address : _____
Email : _____
Home : _____
Work : _____
Phone : _____
Social Media : _____
Birthday : _____

◇◇◇◇◇◇◇◇◇◇◇◇◇◇◇◇◇◇◇◇

NAME : _____
Address : _____
Email : _____
Home : _____
Work : _____
Phone : _____
Social Media : _____
Birthday : _____

# ADDRESS LOG

NAME : _____
Address : _____
Email : _____
Home : _____
Work : _____
Phone : _____
Social Media : _____
Birthday : _____

◇◇◇◇◇◇◇◇◇◇◇◇◇◇◇◇◇◇◇◇◇◇

NAME : _____
Address : _____
Email : _____
Home : _____
Work : _____
Phone : _____
Social Media : _____
Birthday : _____

◇◇◇◇◇◇◇◇◇◇◇◇◇◇◇◇◇◇◇◇◇◇

NAME : _____
Address : _____
Email : _____
Home : _____
Work : _____
Phone : _____
Social Media : _____
Birthday : _____

# ADDRESS LOG

NAME : _____
Address : _____
Email : _____
Home : _____
Work : _____
Phone : _____
Social Media : _____
Birthday : _____

◇◇◇◇◇◇◇◇◇◇◇◇◇◇◇◇◇◇◇◇

NAME : _____
Address : _____
Email : _____
Home : _____
Work : _____
Phone : _____
Social Media : _____
Birthday : _____

◇◇◇◇◇◇◇◇◇◇◇◇◇◇◇◇◇◇◇◇

NAME : _____
Address : _____
Email : _____
Home : _____
Work : _____
Phone : _____
Social Media : _____
Birthday : _____

# ADDRESS LOG

NAME : _____
Address : _____
Email : _____
Home : _____
Work : _____
Phone : _____
Social Media : _____
Birthday : _____

◇◇◇◇◇◇◇◇◇◇◇◇◇◇◇◇◇◇◇◇◇◇◇

NAME : _____
Address : _____
Email : _____
Home : _____
Work : _____
Phone : _____
Social Media : _____
Birthday : _____

◇◇◇◇◇◇◇◇◇◇◇◇◇◇◇◇◇◇◇◇◇◇◇

NAME : _____
Address : _____
Email : _____
Home : _____
Work : _____
Phone : _____
Social Media : _____
Birthday : _____

# ADDRESS LOG

NAME : _____
Address : _____
Email : _____
Home : _____
Work : _____
Phone : _____
Social Media : _____
Birthday : _____

◇◇◇◇◇◇◇◇◇◇◇◇◇◇◇◇◇◇◇◇◇◇

NAME : _____
Address : _____
Email : _____
Home : _____
Work : _____
Phone : _____
Social Media : _____
Birthday : _____

◇◇◇◇◇◇◇◇◇◇◇◇◇◇◇◇◇◇◇◇◇◇

NAME : _____
Address : _____
Email : _____
Home : _____
Work : _____
Phone : _____
Social Media : _____
Birthday : _____

# ADDRESS LOG

NAME : _____
Address : _____
Email : _____
Home : _____
Work : _____
Phone : _____
Social Media : _____
Birthday : _____

◇◇◇◇◇◇◇◇◇◇◇◇◇◇◇◇◇◇◇◇◇◇◇

NAME : _____
Address : _____
Email : _____
Home : _____
Work : _____
Phone : _____
Social Media : _____
Birthday : _____

◇◇◇◇◇◇◇◇◇◇◇◇◇◇◇◇◇◇◇◇◇◇◇

NAME : _____
Address : _____
Email : _____
Home : _____
Work : _____
Phone : _____
Social Media : _____
Birthday : _____

# **I** ADDRESS LOG

NAME : _____
Address : _____
Email : _____
Home : _____
Work : _____
Phone : _____
Social Media : _____
Birthday : _____

◇◇◇◇◇◇◇◇◇◇◇◇◇◇◇◇◇◇◇◇◇◇◇◇

NAME : _____
Address : _____
Email : _____
Home : _____
Work : _____
Phone : _____
Social Media : _____
Birthday : _____

◇◇◇◇◇◇◇◇◇◇◇◇◇◇◇◇◇◇◇◇◇◇◇◇

NAME : _____
Address : _____
Email : _____
Home : _____
Work : _____
Phone : _____
Social Media : _____
Birthday : _____

# ADDRESS LOG

NAME : _____
Address : _____
Email : _____
Home : _____
Work : _____
Phone : _____
Social Media : _____
Birthday : _____

◇◇◇◇◇◇◇◇◇◇◇◇◇◇◇◇◇◇◇◇◇◇

NAME : _____
Address : _____
Email : _____
Home : _____
Work : _____
Phone : _____
Social Media : _____
Birthday : _____

◇◇◇◇◇◇◇◇◇◇◇◇◇◇◇◇◇◇◇◇◇◇

NAME : _____
Address : _____
Email : _____
Home : _____
Work : _____
Phone : _____
Social Media : _____
Birthday : _____

# I ADDRESS LOG

NAME : _____
Address : _____
Email : _____
Home : _____
Work : _____
Phone : _____
Social Media : _____
Birthday : _____

◇◇◇◇◇◇◇◇◇◇◇◇◇◇◇◇◇◇◇◇◇◇◇◇

NAME : _____
Address : _____
Email : _____
Home : _____
Work : _____
Phone : _____
Social Media : _____
Birthday : _____

◇◇◇◇◇◇◇◇◇◇◇◇◇◇◇◇◇◇◇◇◇◇◇◇

NAME : _____
Address : _____
Email : _____
Home : _____
Work : _____
Phone : _____
Social Media : _____
Birthday : _____

# ADDRESS LOG

NAME : _____
Address : _____
Email : _____
Home : _____
Work : _____
Phone : _____
Social Media : _____
Birthday : _____

◇◇◇◇◇◇◇◇◇◇◇◇◇◇◇◇◇◇◇◇

NAME : _____
Address : _____
Email : _____
Home : _____
Work : _____
Phone : _____
Social Media : _____
Birthday : _____

◇◇◇◇◇◇◇◇◇◇◇◇◇◇◇◇◇◇◇◇

NAME : _____
Address : _____
Email : _____
Home : _____
Work : _____
Phone : _____
Social Media : _____
Birthday : _____

# ADDRESS LOG

**J**

NAME : _____

Address : _____

Email : _____

Home : _____

Work : _____

Phone : _____

Social Media : _____

Birthday : _____

◇◇◇◇◇◇◇◇◇◇◇◇◇◇◇◇◇◇◇◇◇◇◇◇

NAME : _____

Address : _____

Email : _____

Home : _____

Work : _____

Phone : _____

Social Media : _____

Birthday : _____

◇◇◇◇◇◇◇◇◇◇◇◇◇◇◇◇◇◇◇◇◇◇◇◇

NAME : _____

Address : _____

Email : _____

Home : _____

Work : _____

Phone : _____

Social Media : _____

Birthday : _____

# ADDRESS LOG  J

**NAME :** _____
Address : _____
Email : _____
Home : _____
Work : _____
Phone : _____
Social Media : _____
Birthday : _____

◇◇◇◇◇◇◇◇◇◇◇◇◇◇◇◇◇◇◇◇◇◇◇

**NAME :** _____
Address : _____
Email : _____
Home : _____
Work : _____
Phone : _____
Social Media : _____
Birthday : _____

◇◇◇◇◇◇◇◇◇◇◇◇◇◇◇◇◇◇◇◇◇◇◇

**NAME :** _____
Address : _____
Email : _____
Home : _____
Work : _____
Phone : _____
Social Media : _____
Birthday : _____

# J — ADDRESS LOG

NAME : _____
Address : _____
Email : _____
Home : _____
Work : _____
Phone : _____
Social Media : _____
Birthday : _____

◇◇◇◇◇◇◇◇◇◇◇◇◇◇◇◇◇◇◇◇◇◇

NAME : _____
Address : _____
Email : _____
Home : _____
Work : _____
Phone : _____
Social Media : _____
Birthday : _____

◇◇◇◇◇◇◇◇◇◇◇◇◇◇◇◇◇◇◇◇◇◇

NAME : _____
Address : _____
Email : _____
Home : _____
Work : _____
Phone : _____
Social Media : _____
Birthday : _____

# ADDRESS LOG    J

**NAME :** _____
Address : _____
Email : _____
Home : _____
Work : _____
Phone : _____
Social Media : _____
Birthday : _____

◇◇◇◇◇◇◇◇◇◇◇◇◇◇◇◇◇◇◇◇

**NAME :** _____
Address : _____
Email : _____
Home : _____
Work : _____
Phone : _____
Social Media : _____
Birthday : _____

◇◇◇◇◇◇◇◇◇◇◇◇◇◇◇◇◇◇◇◇

**NAME :** _____
Address : _____
Email : _____
Home : _____
Work : _____
Phone : _____
Social Media : _____
Birthday : _____

ADDRESS LOG

NAME : _____
Address : _____
Email : _____
Home : _____
Work : _____
Phone : _____
Social Media : _____
Birthday : _____

◇◇◇◇◇◇◇◇◇◇◇◇◇◇◇◇◇◇◇◇◇◇

NAME : _____
Address : _____
Email : _____
Home : _____
Work : _____
Phone : _____
Social Media : _____
Birthday : _____

◇◇◇◇◇◇◇◇◇◇◇◇◇◇◇◇◇◇◇◇◇◇

NAME : _____
Address : _____
Email : _____
Home : _____
Work : _____
Phone : _____
Social Media : _____
Birthday : _____

# ADDRESS LOG

NAME : _____
Address : 
Email : 
Home : 
Work : 
Phone : 
Social Media : 
Birthday : 

◇◇◇◇◇◇◇◇◇◇◇◇◇◇◇◇◇◇◇◇◇◇◇◇◇

NAME : _____
Address : 
Email : 
Home : 
Work : 
Phone : 
Social Media : 
Birthday : 

◇◇◇◇◇◇◇◇◇◇◇◇◇◇◇◇◇◇◇◇◇◇◇◇◇

NAME : _____
Address : 
Email : 
Home : 
Work : 
Phone : 
Social Media : 
Birthday :

# ADDRESS LOG

NAME : _____
Address : _____
Email : _____
Home : _____
Work : _____
Phone : _____
Social Media : _____
Birthday : _____

◇◇◇◇◇◇◇◇◇◇◇◇◇◇◇◇◇◇◇◇◇◇◇◇◇◇

NAME : _____
Address : _____
Email : _____
Home : _____
Work : _____
Phone : _____
Social Media : _____
Birthday : _____

◇◇◇◇◇◇◇◇◇◇◇◇◇◇◇◇◇◇◇◇◇◇◇◇◇◇

NAME : _____
Address : _____
Email : _____
Home : _____
Work : _____
Phone : _____
Social Media : _____
Birthday : _____

# ADDRESS LOG

NAME : _____
Address : _____
Email : _____
Home : _____
Work : _____
Phone : _____
Social Media : _____
Birthday : _____

◇◇◇◇◇◇◇◇◇◇◇◇◇◇◇◇◇◇◇◇◇◇◇◇

NAME : _____
Address : _____
Email : _____
Home : _____
Work : _____
Phone : _____
Social Media : _____
Birthday : _____

◇◇◇◇◇◇◇◇◇◇◇◇◇◇◇◇◇◇◇◇◇◇◇◇

NAME : _____
Address : _____
Email : _____
Home : _____
Work : _____
Phone : _____
Social Media : _____
Birthday : _____

# L

# ADDRESS LOG

NAME : _____
Address : _____
Email : _____
Home : _____
Work : _____
Phone : _____
Social Media : _____
Birthday : _____

◇◇◇◇◇◇◇◇◇◇◇◇◇◇◇◇◇◇◇◇◇◇◇

NAME : _____
Address : _____
Email : _____
Home : _____
Work : _____
Phone : _____
Social Media : _____
Birthday : _____

◇◇◇◇◇◇◇◇◇◇◇◇◇◇◇◇◇◇◇◇◇◇◇

NAME : _____
Address : _____
Email : _____
Home : _____
Work : _____
Phone : _____
Social Media : _____
Birthday : _____

# ADDRESS LOG

NAME : _____
Address : _____
Email : _____
Home : _____
Work : _____
Phone : _____
Social Media : _____
Birthday : _____

◇◇◇◇◇◇◇◇◇◇◇◇◇◇◇◇◇◇◇◇◇◇

NAME : _____
Address : _____
Email : _____
Home : _____
Work : _____
Phone : _____
Social Media : _____
Birthday : _____

◇◇◇◇◇◇◇◇◇◇◇◇◇◇◇◇◇◇◇◇◇◇

NAME : _____
Address : _____
Email : _____
Home : _____
Work : _____
Phone : _____
Social Media : _____
Birthday : _____

# L ADDRESS LOG

NAME : _____
Address : _____
Email : _____
Home : _____
Work : _____
Phone : _____
Social Media : _____
Birthday : _____

◇◇◇◇◇◇◇◇◇◇◇◇◇◇◇◇◇◇◇◇◇◇◇◇

NAME : _____
Address : _____
Email : _____
Home : _____
Work : _____
Phone : _____
Social Media : _____
Birthday : _____

◇◇◇◇◇◇◇◇◇◇◇◇◇◇◇◇◇◇◇◇◇◇◇◇

NAME : _____
Address : _____
Email : _____
Home : _____
Work : _____
Phone : _____
Social Media : _____
Birthday : _____

# ADDRESS LOG

NAME : _____
Address : 
Email : 
Home : 
Work : 
Phone : 
Social Media : 
Birthday : 

◇◇◇◇◇◇◇◇◇◇◇◇◇◇◇◇◇◇◇◇◇◇◇◇

NAME : _____
Address : 
Email : 
Home : 
Work : 
Phone : 
Social Media : 
Birthday : 

◇◇◇◇◇◇◇◇◇◇◇◇◇◇◇◇◇◇◇◇◇◇◇◇

NAME : _____
Address : 
Email : 
Home : 
Work : 
Phone : 
Social Media : 
Birthday :

# ADDRESS LOG

NAME : _____
Address : _____
Email : _____
Home : _____
Work : _____
Phone : _____
Social Media : _____
Birthday : _____

◇◇◇◇◇◇◇◇◇◇◇◇◇◇◇◇◇◇◇◇◇◇◇◇◇◇◇◇◇

NAME : _____
Address : _____
Email : _____
Home : _____
Work : _____
Phone : _____
Social Media : _____
Birthday : _____

◇◇◇◇◇◇◇◇◇◇◇◇◇◇◇◇◇◇◇◇◇◇◇◇◇◇◇◇◇

NAME : _____
Address : _____
Email : _____
Home : _____
Work : _____
Phone : _____
Social Media : _____
Birthday : _____

# ADDRESS LOG

NAME : _____
Address : _____
Email : _____
Home : _____
Work : _____
Phone : _____
Social Media : _____
Birthday : _____

◇◇◇◇◇◇◇◇◇◇◇◇◇◇◇◇◇◇◇◇◇◇

NAME : _____
Address : _____
Email : _____
Home : _____
Work : _____
Phone : _____
Social Media : _____
Birthday : _____

◇◇◇◇◇◇◇◇◇◇◇◇◇◇◇◇◇◇◇◇◇◇

NAME : _____
Address : _____
Email : _____
Home : _____
Work : _____
Phone : _____
Social Media : _____
Birthday : _____

# ADDRESS LOG

NAME : _____
Address : _____
Email : _____
Home : _____
Work : _____
Phone : _____
Social Media : _____
Birthday : _____

◇◇◇◇◇◇◇◇◇◇◇◇◇◇◇◇◇◇◇◇◇◇◇

NAME : _____
Address : _____
Email : _____
Home : _____
Work : _____
Phone : _____
Social Media : _____
Birthday : _____

◇◇◇◇◇◇◇◇◇◇◇◇◇◇◇◇◇◇◇◇◇◇◇

NAME : _____
Address : _____
Email : _____
Home : _____
Work : _____
Phone : _____
Social Media : _____
Birthday : _____

# ADDRESS LOG

NAME : _____
Address : _____
Email : _____
Home : _____
Work : _____
Phone : _____
Social Media : _____
Birthday : _____

◇◇◇◇◇◇◇◇◇◇◇◇◇◇◇◇◇◇◇◇

NAME : _____
Address : _____
Email : _____
Home : _____
Work : _____
Phone : _____
Social Media : _____
Birthday : _____

◇◇◇◇◇◇◇◇◇◇◇◇◇◇◇◇◇◇◇◇

NAME : _____
Address : _____
Email : _____
Home : _____
Work : _____
Phone : _____
Social Media : _____
Birthday : _____

# N  ADDRESS LOG

NAME : _____
Address : _____
Email : _____
Home : _____
Work : _____
Phone : _____
Social Media : _____
Birthday : _____

◇◇◇◇◇◇◇◇◇◇◇◇◇◇◇◇◇◇◇◇◇◇◇◇◇

NAME : _____
Address : _____
Email : _____
Home : _____
Work : _____
Phone : _____
Social Media : _____
Birthday : _____

◇◇◇◇◇◇◇◇◇◇◇◇◇◇◇◇◇◇◇◇◇◇◇◇◇

NAME : _____
Address : _____
Email : _____
Home : _____
Work : _____
Phone : _____
Social Media : _____
Birthday : _____

# ADDRESS LOG

NAME : _____
Address : _____
Email : _____
Home : _____
Work : _____
Phone : _____
Social Media : _____
Birthday : _____

◇◇◇◇◇◇◇◇◇◇◇◇◇◇◇◇◇◇◇◇◇◇

NAME : _____
Address : _____
Email : _____
Home : _____
Work : _____
Phone : _____
Social Media : _____
Birthday : _____

◇◇◇◇◇◇◇◇◇◇◇◇◇◇◇◇◇◇◇◇◇◇

NAME : _____
Address : _____
Email : _____
Home : _____
Work : _____
Phone : _____
Social Media : _____
Birthday : _____

# N  ADDRESS LOG

NAME : _____

Address : _____
Email : _____
Home : _____
Work : _____
Phone : _____
Social Media : _____
Birthday : _____

◇◇◇◇◇◇◇◇◇◇◇◇◇◇◇◇◇◇◇◇◇◇◇◇

NAME : _____

Address : _____
Email : _____
Home : _____
Work : _____
Phone : _____
Social Media : _____
Birthday : _____

◇◇◇◇◇◇◇◇◇◇◇◇◇◇◇◇◇◇◇◇◇◇◇◇

NAME : _____

Address : _____
Email : _____
Home : _____
Work : _____
Phone : _____
Social Media : _____
Birthday : _____

# ADDRESS LOG    N

NAME : _____
Address : _____
Email : _____
Home : _____
Work : _____
Phone : _____
Social Media : _____
Birthday : _____

◇◇◇◇◇◇◇◇◇◇◇◇◇◇◇◇◇◇◇◇◇◇◇◇

NAME : _____
Address : _____
Email : _____
Home : _____
Work : _____
Phone : _____
Social Media : _____
Birthday : _____

◇◇◇◇◇◇◇◇◇◇◇◇◇◇◇◇◇◇◇◇◇◇◇◇

NAME : _____
Address : _____
Email : _____
Home : _____
Work : _____
Phone : _____
Social Media : _____
Birthday : _____

# 0 ADDRESS LOG

NAME : _____
Address : _____
Email : _____
Home : _____
Work : _____
Phone : _____
Social Media : _____
Birthday : _____

◇◇◇◇◇◇◇◇◇◇◇◇◇◇◇◇◇◇◇◇◇◇

NAME : _____
Address : _____
Email : _____
Home : _____
Work : _____
Phone : _____
Social Media : _____
Birthday : _____

◇◇◇◇◇◇◇◇◇◇◇◇◇◇◇◇◇◇◇◇◇◇

NAME : _____
Address : _____
Email : _____
Home : _____
Work : _____
Phone : _____
Social Media : _____
Birthday : _____

# ADDRESS LOG

NAME : _____
Address : _____
Email : _____
Home : _____
Work : _____
Phone : _____
Social Media : _____
Birthday : _____

◇◇◇◇◇◇◇◇◇◇◇◇◇◇◇◇◇◇◇◇

NAME : _____
Address : _____
Email : _____
Home : _____
Work : _____
Phone : _____
Social Media : _____
Birthday : _____

◇◇◇◇◇◇◇◇◇◇◇◇◇◇◇◇◇◇◇◇

NAME : _____
Address : _____
Email : _____
Home : _____
Work : _____
Phone : _____
Social Media : _____
Birthday : _____

# O ADDRESS LOG

NAME : _____
Address : _____
Email : _____
Home : _____
Work : _____
Phone : _____
Social Media : _____
Birthday : _____

◇◇◇◇◇◇◇◇◇◇◇◇◇◇◇◇◇◇◇◇◇◇◇◇

NAME : _____
Address : _____
Email : _____
Home : _____
Work : _____
Phone : _____
Social Media : _____
Birthday : _____

◇◇◇◇◇◇◇◇◇◇◇◇◇◇◇◇◇◇◇◇◇◇◇◇

NAME : _____
Address : _____
Email : _____
Home : _____
Work : _____
Phone : _____
Social Media : _____
Birthday : _____

# ADDRESS LOG

NAME : _____
Address : _____
Email : _____
Home : _____
Work : _____
Phone : _____
Social Media : _____
Birthday : _____

◇◇◇◇◇◇◇◇◇◇◇◇◇◇◇◇◇◇◇◇◇◇◇◇◇◇

NAME : _____
Address : _____
Email : _____
Home : _____
Work : _____
Phone : _____
Social Media : _____
Birthday : _____

◇◇◇◇◇◇◇◇◇◇◇◇◇◇◇◇◇◇◇◇◇◇◇◇◇◇

NAME : _____
Address : _____
Email : _____
Home : _____
Work : _____
Phone : _____
Social Media : _____
Birthday : _____

# P  ADDRESS LOG

NAME : _____
Address : _____
Email : _____
Home : _____
Work : _____
Phone : _____
Social Media : _____
Birthday : _____

◇◇◇◇◇◇◇◇◇◇◇◇◇◇◇◇◇◇◇◇◇◇◇

NAME : _____
Address : _____
Email : _____
Home : _____
Work : _____
Phone : _____
Social Media : _____
Birthday : _____

◇◇◇◇◇◇◇◇◇◇◇◇◇◇◇◇◇◇◇◇◇◇◇

NAME : _____
Address : _____
Email : _____
Home : _____
Work : _____
Phone : _____
Social Media : _____
Birthday : _____

# ADDRESS LOG

NAME : _____
Address : _____
Email : _____
Home : _____
Work : _____
Phone : _____
Social Media : _____
Birthday : _____

◇◇◇◇◇◇◇◇◇◇◇◇◇◇◇◇◇◇◇◇◇◇◇◇◇

NAME : _____
Address : _____
Email : _____
Home : _____
Work : _____
Phone : _____
Social Media : _____
Birthday : _____

◇◇◇◇◇◇◇◇◇◇◇◇◇◇◇◇◇◇◇◇◇◇◇◇◇

NAME : _____
Address : _____
Email : _____
Home : _____
Work : _____
Phone : _____
Social Media : _____
Birthday : _____

# P  ADDRESS LOG

NAME : _____
Address : _____
Email : _____
Home : _____
Work : _____
Phone : _____
Social Media : _____
Birthday : _____

◇◇◇◇◇◇◇◇◇◇◇◇◇◇◇◇◇◇◇◇

NAME : _____
Address : _____
Email : _____
Home : _____
Work : _____
Phone : _____
Social Media : _____
Birthday : _____

◇◇◇◇◇◇◇◇◇◇◇◇◇◇◇◇◇◇◇◇

NAME : _____
Address : _____
Email : _____
Home : _____
Work : _____
Phone : _____
Social Media : _____
Birthday : _____

# ADDRESS LOG

NAME : _____
Address : _____
Email : _____
Home : _____
Work : _____
Phone : _____
Social Media : _____
Birthday : _____

◇◇◇◇◇◇◇◇◇◇◇◇◇◇◇◇◇◇◇◇◇◇◇◇

NAME : _____
Address : _____
Email : _____
Home : _____
Work : _____
Phone : _____
Social Media : _____
Birthday : _____

◇◇◇◇◇◇◇◇◇◇◇◇◇◇◇◇◇◇◇◇◇◇◇◇

NAME : _____
Address : _____
Email : _____
Home : _____
Work : _____
Phone : _____
Social Media : _____
Birthday : _____

# Q ADDRESS LOG

NAME : _____
Address : _____
Email : _____
Home : _____
Work : _____
Phone : _____
Social Media : _____
Birthday : _____

◇◇◇◇◇◇◇◇◇◇◇◇◇◇◇◇◇◇◇◇◇◇◇◇

NAME : _____
Address : _____
Email : _____
Home : _____
Work : _____
Phone : _____
Social Media : _____
Birthday : _____

◇◇◇◇◇◇◇◇◇◇◇◇◇◇◇◇◇◇◇◇◇◇◇◇

NAME : _____
Address : _____
Email : _____
Home : _____
Work : _____
Phone : _____
Social Media : _____
Birthday : _____

# ADDRESS LOG     Q

NAME : _____
Address : _____
Email : _____
Home : _____
Work : _____
Phone : _____
Social Media : _____
Birthday : _____

◇◇◇◇◇◇◇◇◇◇◇◇◇◇◇◇◇◇◇◇◇◇◇◇

NAME : _____
Address : _____
Email : _____
Home : _____
Work : _____
Phone : _____
Social Media : _____
Birthday : _____

◇◇◇◇◇◇◇◇◇◇◇◇◇◇◇◇◇◇◇◇◇◇◇◇

NAME : _____
Address : _____
Email : _____
Home : _____
Work : _____
Phone : _____
Social Media : _____
Birthday : _____

# Q  ADDRESS LOG

NAME : _____
Address : _____
Email : _____
Home : _____
Work : _____
Phone : _____
Social Media : _____
Birthday : _____

◇◇◇◇◇◇◇◇◇◇◇◇◇◇◇◇◇◇◇◇◇◇

NAME : _____
Address : _____
Email : _____
Home : _____
Work : _____
Phone : _____
Social Media : _____
Birthday : _____

◇◇◇◇◇◇◇◇◇◇◇◇◇◇◇◇◇◇◇◇◇◇

NAME : _____
Address : _____
Email : _____
Home : _____
Work : _____
Phone : _____
Social Media : _____
Birthday : _____

# ADDRESS LOG

NAME : _____
Address : _____
Email : _____
Home : _____
Work : _____
Phone : _____
Social Media : _____
Birthday : _____

◇◇◇◇◇◇◇◇◇◇◇◇◇◇◇◇◇◇◇◇

NAME : _____
Address : _____
Email : _____
Home : _____
Work : _____
Phone : _____
Social Media : _____
Birthday : _____

◇◇◇◇◇◇◇◇◇◇◇◇◇◇◇◇◇◇◇◇

NAME : _____
Address : _____
Email : _____
Home : _____
Work : _____
Phone : _____
Social Media : _____
Birthday : _____

# R  ADDRESS LOG

NAME : _____
Address : _____
Email : _____
Home : _____
Work : _____
Phone : _____
Social Media : _____
Birthday : _____

◇◇◇◇◇◇◇◇◇◇◇◇◇◇◇◇◇◇◇◇◇◇◇◇

NAME : _____
Address : _____
Email : _____
Home : _____
Work : _____
Phone : _____
Social Media : _____
Birthday : _____

◇◇◇◇◇◇◇◇◇◇◇◇◇◇◇◇◇◇◇◇◇◇◇◇

NAME : _____
Address : _____
Email : _____
Home : _____
Work : _____
Phone : _____
Social Media : _____
Birthday : _____

# ADDRESS LOG

NAME : _____
Address : _____
Email : _____
Home : _____
Work : _____
Phone : _____
Social Media : _____
Birthday : _____

◇◇◇◇◇◇◇◇◇◇◇◇◇◇◇◇◇◇◇◇◇

NAME : _____
Address : _____
Email : _____
Home : _____
Work : _____
Phone : _____
Social Media : _____
Birthday : _____

◇◇◇◇◇◇◇◇◇◇◇◇◇◇◇◇◇◇◇◇◇

NAME : _____
Address : _____
Email : _____
Home : _____
Work : _____
Phone : _____
Social Media : _____
Birthday : _____

# R ADDRESS LOG

NAME : _____
Address : _____
Email : _____
Home : _____
Work : _____
Phone : _____
Social Media : _____
Birthday : _____

◇◇◇◇◇◇◇◇◇◇◇◇◇◇◇◇◇◇◇◇◇◇◇◇◇

NAME : _____
Address : _____
Email : _____
Home : _____
Work : _____
Phone : _____
Social Media : _____
Birthday : _____

◇◇◇◇◇◇◇◇◇◇◇◇◇◇◇◇◇◇◇◇◇◇◇◇◇

NAME : _____
Address : _____
Email : _____
Home : _____
Work : _____
Phone : _____
Social Media : _____
Birthday : _____

# ADDRESS LOG

NAME : _____
Address : _____
Email : _____
Home : _____
Work : _____
Phone : _____
Social Media : _____
Birthday : _____

◇◇◇◇◇◇◇◇◇◇◇◇◇◇◇◇◇◇◇◇◇◇◇◇◇

NAME : _____
Address : _____
Email : _____
Home : _____
Work : _____
Phone : _____
Social Media : _____
Birthday : _____

◇◇◇◇◇◇◇◇◇◇◇◇◇◇◇◇◇◇◇◇◇◇◇◇◇

NAME : _____
Address : _____
Email : _____
Home : _____
Work : _____
Phone : _____
Social Media : _____
Birthday : _____

# S  ADDRESS LOG

NAME : _____
Address : _____
Email : _____
Home : _____
Work : _____
Phone : _____
Social Media : _____
Birthday : _____

◇◇◇◇◇◇◇◇◇◇◇◇◇◇◇◇◇◇◇◇

NAME : _____
Address : _____
Email : _____
Home : _____
Work : _____
Phone : _____
Social Media : _____
Birthday : _____

◇◇◇◇◇◇◇◇◇◇◇◇◇◇◇◇◇◇◇◇

NAME : _____
Address : _____
Email : _____
Home : _____
Work : _____
Phone : _____
Social Media : _____
Birthday : _____

# ADDRESS LOG     S

NAME : _____
Address : _____
Email : _____
Home : _____
Work : _____
Phone : _____
Social Media : _____
Birthday : _____

◇◇◇◇◇◇◇◇◇◇◇◇◇◇◇◇◇◇◇◇◇◇

NAME : _____
Address : _____
Email : _____
Home : _____
Work : _____
Phone : _____
Social Media : _____
Birthday : _____

◇◇◇◇◇◇◇◇◇◇◇◇◇◇◇◇◇◇◇◇◇◇

NAME : _____
Address : _____
Email : _____
Home : _____
Work : _____
Phone : _____
Social Media : _____
Birthday : _____

# S  ADDRESS LOG

NAME : _____
Address : _____
Email : _____
Home : _____
Work : _____
Phone : _____
Social Media : _____
Birthday : _____

◇◇◇◇◇◇◇◇◇◇◇◇◇◇◇◇◇◇◇◇

NAME : _____
Address : _____
Email : _____
Home : _____
Work : _____
Phone : _____
Social Media : _____
Birthday : _____

◇◇◇◇◇◇◇◇◇◇◇◇◇◇◇◇◇◇◇◇

NAME : _____
Address : _____
Email : _____
Home : _____
Work : _____
Phone : _____
Social Media : _____
Birthday : _____

# ADDRESS LOG

NAME : _____
Address : _____
Email : _____
Home : _____
Work : _____
Phone : _____
Social Media : _____
Birthday : _____

◇◇◇◇◇◇◇◇◇◇◇◇◇◇◇◇◇◇◇◇◇◇

NAME : _____
Address : _____
Email : _____
Home : _____
Work : _____
Phone : _____
Social Media : _____
Birthday : _____

◇◇◇◇◇◇◇◇◇◇◇◇◇◇◇◇◇◇◇◇◇◇

NAME : _____
Address : _____
Email : _____
Home : _____
Work : _____
Phone : _____
Social Media : _____
Birthday : _____

# T ADDRESS LOG

NAME : _____
Address : _____
Email : _____
Home : _____
Work : _____
Phone : _____
Social Media : _____
Birthday : _____

◇◇◇◇◇◇◇◇◇◇◇◇◇◇◇◇◇◇◇◇◇◇

NAME : _____
Address : _____
Email : _____
Home : _____
Work : _____
Phone : _____
Social Media : _____
Birthday : _____

◇◇◇◇◇◇◇◇◇◇◇◇◇◇◇◇◇◇◇◇◇◇

NAME : _____
Address : _____
Email : _____
Home : _____
Work : _____
Phone : _____
Social Media : _____
Birthday : _____

# ADDRESS LOG   T

NAME : _____
Address : _____
Email : _____
Home : _____
Work : _____
Phone : _____
Social Media : _____
Birthday : _____

◇◇◇◇◇◇◇◇◇◇◇◇◇◇◇◇◇◇◇◇◇◇◇◇◇

NAME : _____
Address : _____
Email : _____
Home : _____
Work : _____
Phone : _____
Social Media : _____
Birthday : _____

◇◇◇◇◇◇◇◇◇◇◇◇◇◇◇◇◇◇◇◇◇◇◇◇◇

NAME : _____
Address : _____
Email : _____
Home : _____
Work : _____
Phone : _____
Social Media : _____
Birthday : _____

# T ADDRESS LOG

NAME : _____
Address : _____
Email : _____
Home : _____
Work : _____
Phone : _____
Social Media : _____
Birthday : _____

◇◇◇◇◇◇◇◇◇◇◇◇◇◇◇◇◇◇◇◇◇◇

NAME : _____
Address : _____
Email : _____
Home : _____
Work : _____
Phone : _____
Social Media : _____
Birthday : _____

◇◇◇◇◇◇◇◇◇◇◇◇◇◇◇◇◇◇◇◇◇◇

NAME : _____
Address : _____
Email : _____
Home : _____
Work : _____
Phone : _____
Social Media : _____
Birthday : _____

# ADDRESS LOG

**T**

NAME : _____
Address : _____
Email : _____
Home : _____
Work : _____
Phone : _____
Social Media : _____
Birthday : _____

◇◇◇◇◇◇◇◇◇◇◇◇◇◇◇◇◇◇◇◇◇◇

NAME : _____
Address : _____
Email : _____
Home : _____
Work : _____
Phone : _____
Social Media : _____
Birthday : _____

◇◇◇◇◇◇◇◇◇◇◇◇◇◇◇◇◇◇◇◇◇◇

NAME : _____
Address : _____
Email : _____
Home : _____
Work : _____
Phone : _____
Social Media : _____
Birthday : _____

# U  ADDRESS LOG

NAME : _____
Address : _____
Email : _____
Home : _____
Work : _____
Phone : _____
Social Media : _____
Birthday : _____

◇◇◇◇◇◇◇◇◇◇◇◇◇◇◇◇◇◇◇◇

NAME : _____
Address : _____
Email : _____
Home : _____
Work : _____
Phone : _____
Social Media : _____
Birthday : _____

◇◇◇◇◇◇◇◇◇◇◇◇◇◇◇◇◇◇◇◇

NAME : _____
Address : _____
Email : _____
Home : _____
Work : _____
Phone : _____
Social Media : _____
Birthday : _____

# ADDRESS LOG

NAME : _____
Address : _____
Email : _____
Home : _____
Work : _____
Phone : _____
Social Media : _____
Birthday : _____

◇◇◇◇◇◇◇◇◇◇◇◇◇◇◇◇◇◇◇◇◇◇◇

NAME : _____
Address : _____
Email : _____
Home : _____
Work : _____
Phone : _____
Social Media : _____
Birthday : _____

◇◇◇◇◇◇◇◇◇◇◇◇◇◇◇◇◇◇◇◇◇◇◇

NAME : _____
Address : _____
Email : _____
Home : _____
Work : _____
Phone : _____
Social Media : _____
Birthday : _____

# U ADDRESS LOG

NAME : _____
Address : _____
Email : _____
Home : _____
Work : _____
Phone : _____
Social Media : _____
Birthday : _____

◇◇◇◇◇◇◇◇◇◇◇◇◇◇◇◇◇◇◇◇◇◇

NAME : _____
Address : _____
Email : _____
Home : _____
Work : _____
Phone : _____
Social Media : _____
Birthday : _____

◇◇◇◇◇◇◇◇◇◇◇◇◇◇◇◇◇◇◇◇◇◇

NAME : _____
Address : _____
Email : _____
Home : _____
Work : _____
Phone : _____
Social Media : _____
Birthday : _____

# ADDRESS LOG

NAME : _____
Address : _____
Email : _____
Home : _____
Work : _____
Phone : _____
Social Media : _____
Birthday : _____

◇◇◇◇◇◇◇◇◇◇◇◇◇◇◇◇◇◇◇◇◇◇◇◇◇◇

NAME : _____
Address : _____
Email : _____
Home : _____
Work : _____
Phone : _____
Social Media : _____
Birthday : _____

◇◇◇◇◇◇◇◇◇◇◇◇◇◇◇◇◇◇◇◇◇◇◇◇◇◇

NAME : _____
Address : _____
Email : _____
Home : _____
Work : _____
Phone : _____
Social Media : _____
Birthday : _____

# V  ADDRESS LOG

NAME : _____

Address : _____
Email : _____
Home : _____
Work : _____
Phone : _____
Social Media : _____
Birthday : _____

◇◇◇◇◇◇◇◇◇◇◇◇◇◇◇◇◇◇◇◇

NAME : _____

Address : _____
Email : _____
Home : _____
Work : _____
Phone : _____
Social Media : _____
Birthday : _____

◇◇◇◇◇◇◇◇◇◇◇◇◇◇◇◇◇◇◇◇

NAME : _____

Address : _____
Email : _____
Home : _____
Work : _____
Phone : _____
Social Media : _____
Birthday : _____

# ADDRESS LOG  V

NAME : _____
Address : _____
Email : _____
Home : _____
Work : _____
Phone : _____
Social Media : _____
Birthday : _____

◇◇◇◇◇◇◇◇◇◇◇◇◇◇◇◇◇◇◇◇◇◇

NAME : _____
Address : _____
Email : _____
Home : _____
Work : _____
Phone : _____
Social Media : _____
Birthday : _____

◇◇◇◇◇◇◇◇◇◇◇◇◇◇◇◇◇◇◇◇◇◇

NAME : _____
Address : _____
Email : _____
Home : _____
Work : _____
Phone : _____
Social Media : _____
Birthday : _____

# V ADDRESS LOG

**NAME :** _____
Address : _____
Email : _____
Home : _____
Work : _____
Phone : _____
Social Media : _____
Birthday : _____

◇◇◇◇◇◇◇◇◇◇◇◇◇◇◇◇◇◇◇◇◇◇

**NAME :** _____
Address : _____
Email : _____
Home : _____
Work : _____
Phone : _____
Social Media : _____
Birthday : _____

◇◇◇◇◇◇◇◇◇◇◇◇◇◇◇◇◇◇◇◇◇◇

**NAME :** _____
Address : _____
Email : _____
Home : _____
Work : _____
Phone : _____
Social Media : _____
Birthday : _____

# ADDRESS LOG

NAME : _____
Address : _____
Email : _____
Home : _____
Work : _____
Phone : _____
Social Media : _____
Birthday : _____

◇◇◇◇◇◇◇◇◇◇◇◇◇◇◇◇◇◇◇◇◇◇◇◇

NAME : _____
Address : _____
Email : _____
Home : _____
Work : _____
Phone : _____
Social Media : _____
Birthday : _____

◇◇◇◇◇◇◇◇◇◇◇◇◇◇◇◇◇◇◇◇◇◇◇◇

NAME : _____
Address : _____
Email : _____
Home : _____
Work : _____
Phone : _____
Social Media : _____
Birthday : _____

# ADDRESS LOG

NAME : _____
Address : _____
Email : _____
Home : _____
Work : _____
Phone : _____
Social Media : _____
Birthday : _____

◇◇◇◇◇◇◇◇◇◇◇◇◇◇◇◇◇◇◇◇◇◇

NAME : _____
Address : _____
Email : _____
Home : _____
Work : _____
Phone : _____
Social Media : _____
Birthday : _____

◇◇◇◇◇◇◇◇◇◇◇◇◇◇◇◇◇◇◇◇◇◇

NAME : _____
Address : _____
Email : _____
Home : _____
Work : _____
Phone : _____
Social Media : _____
Birthday : _____

# ADDRESS LOG

NAME : _____
Address : _____
Email : _____
Home : _____
Work : _____
Phone : _____
Social Media : _____
Birthday : _____

◇◇◇◇◇◇◇◇◇◇◇◇◇◇◇◇◇◇◇◇◇◇◇◇◇◇◇◇

NAME : _____
Address : _____
Email : _____
Home : _____
Work : _____
Phone : _____
Social Media : _____
Birthday : _____

◇◇◇◇◇◇◇◇◇◇◇◇◇◇◇◇◇◇◇◇◇◇◇◇◇◇◇◇

NAME : _____
Address : _____
Email : _____
Home : _____
Work : _____
Phone : _____
Social Media : _____
Birthday : _____

# ADDRESS LOG

NAME : _____
Address : _____
Email : _____
Home : _____
Work : _____
Phone : _____
Social Media : _____
Birthday : _____

◇◇◇◇◇◇◇◇◇◇◇◇◇◇◇◇◇◇◇◇◇◇◇◇◇◇

NAME : _____
Address : _____
Email : _____
Home : _____
Work : _____
Phone : _____
Social Media : _____
Birthday : _____

◇◇◇◇◇◇◇◇◇◇◇◇◇◇◇◇◇◇◇◇◇◇◇◇◇◇

NAME : _____
Address : _____
Email : _____
Home : _____
Work : _____
Phone : _____
Social Media : _____
Birthday : _____

# ADDRESS LOG

NAME : _____
Address : _____
Email : _____
Home : _____
Work : _____
Phone : _____
Social Media : _____
Birthday : _____

◇◇◇◇◇◇◇◇◇◇◇◇◇◇◇◇◇◇◇◇◇◇◇◇◇

NAME : _____
Address : _____
Email : _____
Home : _____
Work : _____
Phone : _____
Social Media : _____
Birthday : _____

◇◇◇◇◇◇◇◇◇◇◇◇◇◇◇◇◇◇◇◇◇◇◇◇◇

NAME : _____
Address : _____
Email : _____
Home : _____
Work : _____
Phone : _____
Social Media : _____
Birthday : _____

# ADDRESS LOG

NAME : _____
Address : _____
Email : _____
Home : _____
Work : _____
Phone : _____
Social Media : _____
Birthday : _____

◇◇◇◇◇◇◇◇◇◇◇◇◇◇◇◇◇◇◇◇

NAME : _____
Address : _____
Email : _____
Home : _____
Work : _____
Phone : _____
Social Media : _____
Birthday : _____

◇◇◇◇◇◇◇◇◇◇◇◇◇◇◇◇◇◇◇◇

NAME : _____
Address : _____
Email : _____
Home : _____
Work : _____
Phone : _____
Social Media : _____
Birthday : _____

# ADDRESS LOG

NAME : _____
Address : _____
Email : _____
Home : _____
Work : _____
Phone : _____
Social Media : _____
Birthday : _____

◇◇◇◇◇◇◇◇◇◇◇◇◇◇◇◇◇◇◇◇

NAME : _____
Address : _____
Email : _____
Home : _____
Work : _____
Phone : _____
Social Media : _____
Birthday : _____

◇◇◇◇◇◇◇◇◇◇◇◇◇◇◇◇◇◇◇◇

NAME : _____
Address : _____
Email : _____
Home : _____
Work : _____
Phone : _____
Social Media : _____
Birthday : _____

# ADDRESS LOG

NAME : _____
Address : _____
Email : _____
Home : _____
Work : _____
Phone : _____
Social Media : _____
Birthday : _____

◇◇◇◇◇◇◇◇◇◇◇◇◇◇◇◇◇◇◇◇

NAME : _____
Address : _____
Email : _____
Home : _____
Work : _____
Phone : _____
Social Media : _____
Birthday : _____

◇◇◇◇◇◇◇◇◇◇◇◇◇◇◇◇◇◇◇◇

NAME : _____
Address : _____
Email : _____
Home : _____
Work : _____
Phone : _____
Social Media : _____
Birthday : _____

# ADDRESS LOG

NAME : _____
Address : _____
Email : _____
Home : _____
Work : _____
Phone : _____
Social Media : _____
Birthday : _____

◇◇◇◇◇◇◇◇◇◇◇◇◇◇◇◇◇◇◇◇◇◇

NAME : _____
Address : _____
Email : _____
Home : _____
Work : _____
Phone : _____
Social Media : _____
Birthday : _____

◇◇◇◇◇◇◇◇◇◇◇◇◇◇◇◇◇◇◇◇◇◇

NAME : _____
Address : _____
Email : _____
Home : _____
Work : _____
Phone : _____
Social Media : _____
Birthday : _____

# ADDRESS LOG

NAME : _____
Address : _____
Email : _____
Home : _____
Work : _____
Phone : _____
Social Media : _____
Birthday : _____

◇◇◇◇◇◇◇◇◇◇◇◇◇◇◇◇◇◇◇◇◇◇

NAME : _____
Address : _____
Email : _____
Home : _____
Work : _____
Phone : _____
Social Media : _____
Birthday : _____

◇◇◇◇◇◇◇◇◇◇◇◇◇◇◇◇◇◇◇◇◇◇

NAME : _____
Address : _____
Email : _____
Home : _____
Work : _____
Phone : _____
Social Media : _____
Birthday : _____

# ADDRESS LOG

NAME : _____
Address : _____
Email : _____
Home : _____
Work : _____
Phone : _____
Social Media : _____
Birthday : _____

◇◇◇◇◇◇◇◇◇◇◇◇◇◇◇◇◇◇◇◇◇◇◇◇◇

NAME : _____
Address : _____
Email : _____
Home : _____
Work : _____
Phone : _____
Social Media : _____
Birthday : _____

◇◇◇◇◇◇◇◇◇◇◇◇◇◇◇◇◇◇◇◇◇◇◇◇◇

NAME : _____
Address : _____
Email : _____
Home : _____
Work : _____
Phone : _____
Social Media : _____
Birthday : _____

# ADDRESS LOG

NAME : _____
Address : _____
Email : _____
Home : _____
Work : _____
Phone : _____
Social Media : _____
Birthday : _____

◇◇◇◇◇◇◇◇◇◇◇◇◇◇◇◇◇◇◇◇◇◇

NAME : _____
Address : _____
Email : _____
Home : _____
Work : _____
Phone : _____
Social Media : _____
Birthday : _____

◇◇◇◇◇◇◇◇◇◇◇◇◇◇◇◇◇◇◇◇◇◇

NAME : _____
Address : _____
Email : _____
Home : _____
Work : _____
Phone : _____
Social Media : _____
Birthday : _____

# ADDRESS LOG

NAME : _____
Address : _____
Email : _____
Home : _____
Work : _____
Phone : _____
Social Media : _____
Birthday : _____

◇◇◇◇◇◇◇◇◇◇◇◇◇◇◇◇◇◇◇◇◇◇

NAME : _____
Address : _____
Email : _____
Home : _____
Work : _____
Phone : _____
Social Media : _____
Birthday : _____

◇◇◇◇◇◇◇◇◇◇◇◇◇◇◇◇◇◇◇◇◇◇

NAME : _____
Address : _____
Email : _____
Home : _____
Work : _____
Phone : _____
Social Media : _____
Birthday : _____

# Z | ADDRESS LOG

NAME : _____
Address : _____
Email : _____
Home : _____
Work : _____
Phone : _____
Social Media : _____
Birthday : _____

◇◇◇◇◇◇◇◇◇◇◇◇◇◇◇◇◇◇◇◇

NAME : _____
Address : _____
Email : _____
Home : _____
Work : _____
Phone : _____
Social Media : _____
Birthday : _____

◇◇◇◇◇◇◇◇◇◇◇◇◇◇◇◇◇◇◇◇

NAME : _____
Address : _____
Email : _____
Home : _____
Work : _____
Phone : _____
Social Media : _____
Birthday : _____

# ADDRESS LOG    Z

NAME : _____
Address : _____
Email : _____
Home : _____
Work : _____
Phone : _____
Social Media : _____
Birthday : _____

◇◇◇◇◇◇◇◇◇◇◇◇◇◇◇◇◇◇◇◇◇◇◇◇◇

NAME : _____
Address : _____
Email : _____
Home : _____
Work : _____
Phone : _____
Social Media : _____
Birthday : _____

◇◇◇◇◇◇◇◇◇◇◇◇◇◇◇◇◇◇◇◇◇◇◇◇◇

NAME : _____
Address : _____
Email : _____
Home : _____
Work : _____
Phone : _____
Social Media : _____
Birthday : _____

# Z   ADDRESS LOG

NAME : _____
Address : _____
Email : _____
Home : _____
Work : _____
Phone : _____
Social Media : _____
Birthday : _____

◇◇◇◇◇◇◇◇◇◇◇◇◇◇◇◇◇◇◇◇◇◇◇◇

NAME : _____
Address : _____
Email : _____
Home : _____
Work : _____
Phone : _____
Social Media : _____
Birthday : _____

◇◇◇◇◇◇◇◇◇◇◇◇◇◇◇◇◇◇◇◇◇◇◇◇

NAME : _____
Address : _____
Email : _____
Home : _____
Work : _____
Phone : _____
Social Media : _____
Birthday : _____

# ADDRESS LOG     Z

NAME : _____

Address : _____
Email : _____
Home : _____
Work : _____
Phone : _____
Social Media : _____
Birthday : _____

◇◇◇◇◇◇◇◇◇◇◇◇◇◇◇◇◇◇◇◇◇◇◇◇

NAME : _____

Address : _____
Email : _____
Home : _____
Work : _____
Phone : _____
Social Media : _____
Birthday : _____

◇◇◇◇◇◇◇◇◇◇◇◇◇◇◇◇◇◇◇◇◇◇◇◇

NAME : _____

Address : _____
Email : _____
Home : _____
Work : _____
Phone : _____
Social Media : _____
Birthday : _____

# NOTE

# NOTE

Made in the USA
Monee, IL
20 August 2023

41307710R00066